Bajo las estrellas
Under the Stars

Sam Sagolski
Ilustraciones de Elena Kisenkova

First edition

Translated from English by Luisana Rivas
Traducción al español de Luisana Rivas

Library and Archives Canada Cataloguing in Publication
Under the Stars (Spanish English Bilingual) / Sam Sagolski
ISBN: 978-1-5259-7854-8 paperback
ISBN: 978-1-5259-7855-5 hardcover
ISBN: 978-1-5259-7853-1 eBook

Please note that the Spanish and English versions of the story have been
written to be as close as possible. However, in some cases they differ
in order to accommodate nuances and fluidity of each language.

¡Hola, amigos! Me llamo Mark.

Hi friend! My name is Mark.

Y ellos son mis hermanos: Steven y Eric. Yo soy el menor.

And these are my brothers: Steven and Eric. I am the youngest.

¡Hoy es nuestro último día de escuela! Al fin llegaron las vacaciones de verano.

Today is our last day of school! Summer vacation is finally here.

Mi familia y yo viajaremos, aunque aún no sé a dónde. Mamá y papá dijeron que es una sorpresa.

My family and I are going on a trip. I don't know where we are going. Mom and Dad said it's a surprise.

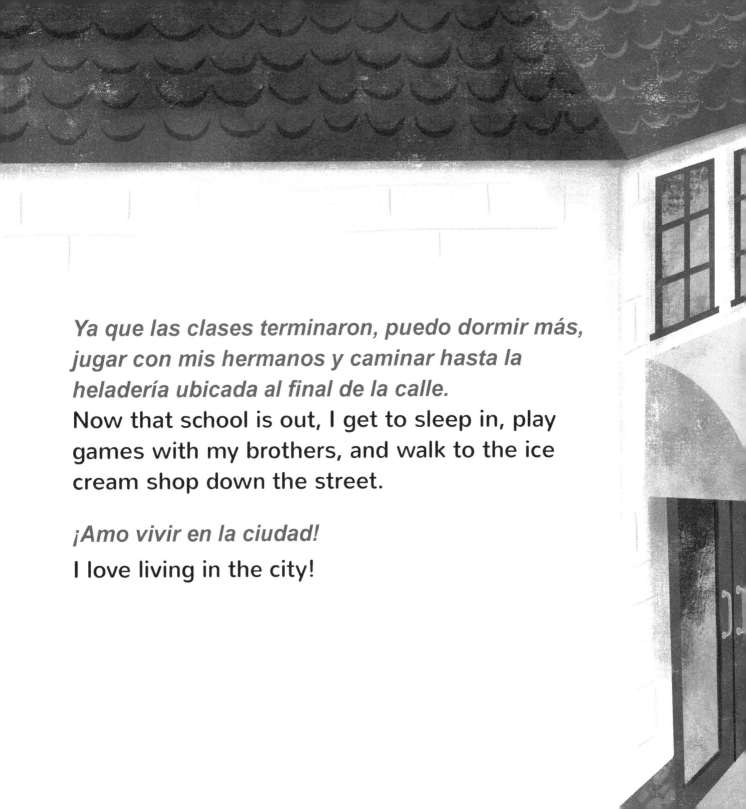

Ya que las clases terminaron, puedo dormir más, jugar con mis hermanos y caminar hasta la heladería ubicada al final de la calle.
Now that school is out, I get to sleep in, play games with my brothers, and walk to the ice cream shop down the street.

¡Amo vivir en la ciudad!
I love living in the city!

—¡Oigan, chicos! —nos llaman nuestros padres desde el carro—. ¡Suban!

"Hey boys!" my parents call to us from the car. "Get in!"

Me siento entre mis hermanos y observo a mi alrededor. Veo ollas, sartenes, mi cobija favorita y mi almohada.

I sit between my brothers and look around. I see pots, pans, and my favorite blanket and pillow.

—*¿Por qué están mis cosas aquí?* —*pregunto.*

"Why is my stuff here?" I ask.

Normalmente, me gustan las sorpresas, pero tengo un mal presentimiento esta vez.

Usually I'm okay with surprises, but I have a bad feeling about this one.

Steven y Eric echan un vistazo a las cosas que hay en la maleta. En sus rostros se dibuja una amplia sonrisa.

Steven and Eric glance at all the stuff in the back. They both smile widely.

—¡¿Iremos de **CAMPAMENTO**?!
—gritan.

"Are we going CAMPING?!"
they shout.

Se me hace un nudo en el estómago. ¿De campamento? ¿Es esa la sorpresa? ¡No quiero acampar!

My stomach knots. Camping? That's the surprise? I don't want to go camping!

Hay extraños insectos trepadores, monstruos que viven en el bosque y, peor aún, ¡estará oscuro! Me da miedo la oscuridad.

There are creepy crawly bugs, monsters who live in the woods and, most of all, it's dark! I'm afraid of the dark.

—¿No te emociona, Mark? —pregunta mi hermano —. Es tu primera acampada.

"Aren't you excited, Mark?" my brother asks. "It's your first camping trip."

No puedo decirles que estoy asustado. Se reirán de mí, así que me encojo de hombros.

I can't tell them I'm afraid. They will laugh at me, so I just shrug my shoulders.

—Hora de desempacar —dice papá mientras aparca el carro—. ¡Todo el mundo afuera!

"Time to unload," Dad says as the car comes to a stop. "Everybody out!"

Observo a mi alrededor. Casi todo está oscuro. Veo muchos árboles y un lago. ¿Esos ojos me ven de vuelta?

I look around; it's almost dark. I see lots of trees and a lake. Are those eyes looking at me?

—¡Quiero volver a casa! —grito—. Hay monstruos en el bosque. Está oscuro, tengo miedo. ¡Necesito mi lámpara de noche!

"I want to go home!" I shout. "There are monsters in the woods. It's dark, and I'm scared. I need my night light!"

Escucho a mis hermanos reír, pero no me importa. No quiero estar aquí.

I hear my brothers laughing, but I don't care. I don't want to be here.

—Mark, querido —dice papá—, sé que el bosque luce aterrador, pero pondremos tu saco de dormir junto a los nuestros y los de tus hermanos. No hay nada que temer.

"Mark, honey," Dad says, "I know the forest looks scary, but you will be snuggled in your sleeping bag next to us and your brothers. There's nothing to be afraid of."

¿Dormir al aire libre? ¿En la penumbra? No me gusta eso.
Sleep outside? In the dark? I don't like that.

—El cielo estrellado luce hermoso —dice mamá alzando la vista.

"It's so pretty under the stars," Mom says looking up at the sky.

¿Estrellas? Me gustan las estrellas. No siempre puedes observarlas en la ciudad. ¡Oh! ¡Nunca había visto tantas estrellas!

Stars? I like stars. You can't always see them in the city. I look up too. WOW! I've never seen so many stars!

—¿Puedes contarlas, Mark? —pregunta mamá.

"Can you count them, Mark?" Mom asks.

Después de la cena nos ponemos las pijamas y nos acurrucamos en nuestros sacos de dormir.
After dinner we get into our pajamas and slide into our sleeping bags.

Tengo una linterna que papá me dio.
I have the flashlight Dad gave me.

Él me da un beso de buenas noches y pregunta:
—¿Estás bien?
As he kisses me goodnight, Dad says, "Are you okay?"

Asiento con la cabeza, pero aún tengo un poco de miedo.
I nod my head, but I'm still a little scared.

Mamá se acerca y besa mi frente.

Mom comes over and kisses my forehead.

—Solo mira el cielo y cuenta las estrellas —dice—. Siempre hay luz en la oscuridad, Mark. No hay razón para asustarse.

"Just look at the sky and count the stars," she says. "There's always light in the darkness, Mark. No reason to be afraid."

Empiezo a contar. Una, dos, tres…

I start to count. One, two, three…

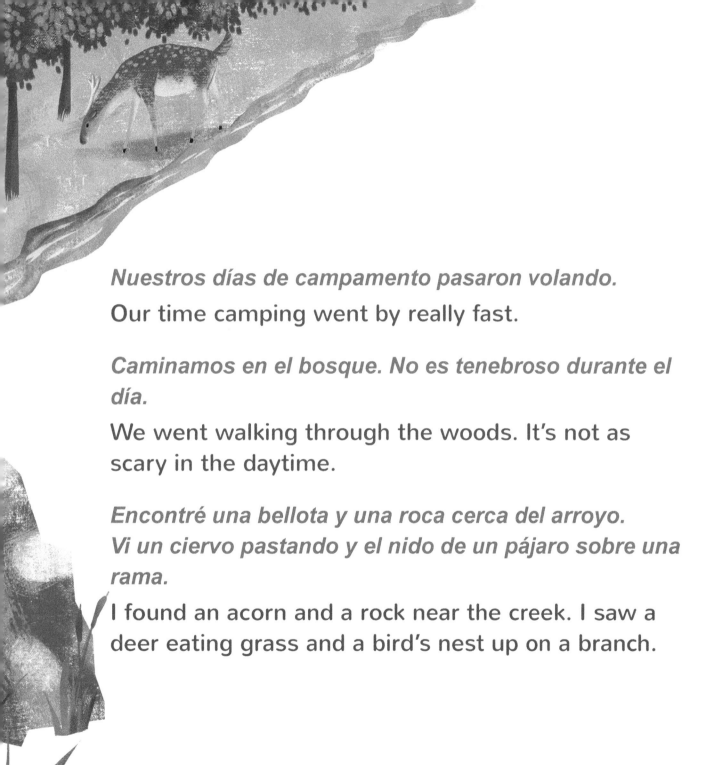

Nuestros días de campamento pasaron volando.

Our time camping went by really fast.

Caminamos en el bosque. No es tenebroso durante el día.

We went walking through the woods. It's not as scary in the daytime.

Encontré una bellota y una roca cerca del arroyo.
Vi un ciervo pastando y el nido de un pájaro sobre una rama.

I found an acorn and a rock near the creek. I saw a deer eating grass and a bird's nest up on a branch.

Paseamos en canoa y observé un pez saltar fuera del agua. También vi una tortuga nadar.

We also went canoeing, and I saw fish jump out of the water and watched as a turtle swam by.

Papá me enseñó a pescar y ¡adivinen! ¡Atrapé un pez!

Dad taught me how to fish, and guess what? I caught one!

Cada tarde relatamos nuestra parte favorita del día.

Every evening we talked about our favorite part of the day.

Cuando era mi turno, contaba lo mismo. Me encantó dormir bajo el cielo estrellado.

When it was my turn, my favorite was always the same. I loved sleeping under the stars.

Cada noche intenté contar todas las estrellas, pero siempre me quedaba dormido.

Every night I tried to count them all, but I always ended up falling asleep.

Sí, la penumbra puede ser aterradora, pero la luz de las estrellas me ayudaba a reconocer la belleza de la oscuridad.

Yes, the darkness could be scary, but the light of the stars helped make the darkness pretty.

A veces me sigue asustando la noche, pero entonces recuerdo las estrellas y empiezo a contarlas.

Sometimes I am still afraid at night, but then I remember the stars and begin to count.

Una, dos, tres... Y recuerdo que no hay razón para asustarse.

One, two, three . . . and I remember there's no reason to be afraid.

Printed in the USA
CPSIA information can be obtained
at www.ICGtesting.com
LVHW072214031123
762998LV00013B/748